»Du bist wirklich der große, böse Wolf?«
»Na klar. Und jetzt rück raus mit der Sprache und sage mir, wo die Oma wohnt!«

Dr. Dieter Fleig GmbH
Am Remelsbach 30
D-54570 Mürlenbach/Eifel
Telefon: 06594/653
Telefax: 06594/452
Internet: http://www.kynos-verlag.de

Gesamtherstellung: Druckerei Anders GmbH, 54595 Niederprüm

ISBN 3-933228-77-8

Martin Blank

So ein Hundeleben

Aus der Sicht eines Dackels

Für Heidi !

KYNOS VERLAG

Rrrrrrrrrrrrr
du Riesenoberangeber mit deinem lächerlichen Branntweinfass!

Der Dicke und ich - hicks - wir sind die besten Freunde.

Für einen kleinen Dackel ist es gut,
einen großen Freund zu haben …

... besonders bei Regen.

Zugegeben - wir Dackel sind körperlich etwas klein geraten.
Aber wie alle Dinge im Leben hat das seine Vorteile ...

... und Nachteile.
Zum Glück gibt es bei uns keine Elefanten.

Der Mensch denkt, er führt und wir Hunde müssen ihm brav folgen.
Das mag ja für alle anderen Rassen zutreffen,
nicht aber für uns Dackel.

Aufgrund unseres Charakters, unserer Willensstärke und unseres Durchsetzungsvermögens zeigen wir dem Zweibeiner, wo es langgeht. Nur merkt er es meistens nicht ... und das ist gut so.

In Dackelkreisen ist es bekannt: Wir sind große Abhauer. Fast jeder Dackelbesitzer kann das Lied vom abgehauenen Dackel singen. Und dabei steigt ihm die Zornesröte ins Gesicht. Ich habe das auch mal gebracht. Über sieben Berge immer hinter den Rehen her.
Herrchen hat geschrieen, geflucht, gesucht - mich aber nicht gefunden.

Frauchen kannte den Jägertrick mit der Hundedecke. Das war meine Rettung. Ich schnüffelte mich auf der eigenen Spur zurück und irgendwann in der Nacht - es goss wie aus Kübeln, es war stockdunkel, es war bitterkalt - da tauchten zwei Scheinwerfer auf und sie hatten mich. Seitdem herrscht strikter Leinenzwang.

Frauchen kommt schwer beladen nach Hause. Das Telefon klingelt. Der duftende Einkaufskorb landet auf dem Boden, direkt vor meiner Nase. Über den Rand lugt ein kleiner Wurstzipfel. Als Ästhet sage ich mir: »Das sieht blöd aus, der muss weg.« Ich will ihn abbeißen und habe plötzlich die ganze Wurst im Maul. Aber was ist das? An der Wurst hängt noch eine Wurst und an dieser wieder eine ... Ich schwöre, ich kann nichts dafür, aber die ganze Wurstkette landet mir nichts dir nichts in meinem zierlichen Dackelmagen. Telefongespräch beendet. »Du verdammter Saubazi, was hast du mit den Würsten ...?! Der Dackelteufel soll dich holen!«

Und so kam es auch. Mir wurde sooo schlecht,
sooo hundeelend, sooo k...übel.
Oh, ich armer, kleiner Dackel.

*Dr. Jekill gelang es mit Hilfe einer selbst erfundenen Essenz,
das Gute und Böse voneinander zu trennen und
sich so zu dem üblen Mr. Hyde zu machen.*

Bei mir genügt ein ganz ordinärer Knochen.
Dann werde ich zum zähnefletschenden Berserker.

Manchmal, wenn ich locker über Omas Ohrensessel hänge,
frage ich mich: »Was soll bloß mal aus dir werden?
Ein Jagdhund? - Ein Polizeihund? - Ein Sanitätshund? -
Ein Minieur? - Oder ein böser Katzenschreck?«

Ach was, ich bleib so wie ich bin
und hänge einfach faul über Omas Ohrensessel.

Ein heißer Sommertag am Bodensee. »So Schluffi, jetzt darfst du schwimmen. Ab, ins Wasser!« Das Wasser ist grün von Algen und voller Unrat. Ich hocke mich ans Ufer. »Komm, ich zeig' dir wie es geht.« Herrchen zieht sich tatsächlich aus, schiebt den Dreck zur Seite und watet bis zum Hals ins Wasser. »Es ist toll, komm schnell zu mir!« Und Frauchen: »Schwimm zu ihm,

Schluffi, mach schon!« Ich denke gar nicht dran. ich bleibe hocken. Plötzlich stehen zwei Herren neben uns. Sie tragen grüne Anzüge und runde Hüte. Einer zeigt auf Herrchen und spricht ziemlich laut: »... Hafenbereich! ... Badeverbot! ... Rauskommen! ... Und zwar sofort!« Als Herrchen ans Ufer kommt, drehe ich mich lieber um. Aber im Genick spüre ich seinen Blick.

Ich freue mich immer, wenn Besuch kommt.
Da habe ich was zu schnüffeln, bekomme eine Menge
Streicheleinheiten und machmal was zu schnabulieren.

Doch wenn ich Frau Bockstaller die Treppe hochtrampeln höre, nehme ich sofort Reißaus und verstecke mich im Schrank oder unterm Bett. Denn Frau Bockstaller liebt mich so sehr, dass sie mein Lebenslicht an ihrem Riesenbusen schier aus dem Dackelleib quetscht.

Treffen mehrere Dackel zusammen,
so kann es zu Verwicklungen kommen.

Und manchmal zu komischen Begegnungen.
»Guck mal Herta, ein Waldiverein.«

Am 5. Januar hatten wir eine Dackelwanderung in Heiligenberg. Es war bitterkalt. Während sich unsere Zweibeiner mollig warm angezogen hatten, froren uns fast die Pfoten am Boden fest. Da sah ich etwas Unglaubliches: Ein Kollege, er gehört in den Stall von Oberförster Müller, verlangerte sein Gewicht nach vorne,

machte sich sozusagen kopflastig und hob sein ganzes Hinterteil vom Boden ab, machte einen Hand- äh, einen Vorderpfotenstand und fror nur noch an zwei Füßen.
Ich fand das genial und wollte es natürlich nachmachen.
Aber ich flog - peng - auf die Schnauze.

Ein saufarbener Rauhaardackel wie ich kann sich zwar nicht in Luft auflösen, aber er kann, je nach Umgebung, mit dieser verschmelzen und sich unsichtbar machen. Dies führt dann oft zu Konflikten mit dem verzweifelt suchenden Besitzer.

Ein Stadtdackel hingegen befindet
sich stets weithin sichtbar auf dem Präsentierteller
und ist manchen Zwängen ausgesetzt.

Der Sommer ist meine liebste Zeit. Wenn da bloß nicht diese Plagegeister wären. Unter den Terrassenbohlen tanzen die Mäuse, von oben pöbeln die Spatzen und auf der Mauer lauert Nachbars Kater. Und keinen kann ich zu fassen kriegen! Das ist einfach zu viel für schwache Dackelnerven.

Da gibt es nur eins, dieselben müssen bei einem kühlen Bad im quellfrischen Wasser der Aach abgekühlt werden.

Letzes Jahr wurden wir von unserer Schweizer Freundin Rosemie zu einem Dackeltreffen nach Amriswil eingeladen. Ich war sehr aufgeregt, denn ich hatte keinerlei Auslandserfahrung. Doch aus welchem Teil der schönen Schweiz die Kollegen auch kamen, wir hatten nicht die geringsten Schwierigkeiten.

Nur schade, dass ich auf die Rolle des Zuschauers beschränkt war.
An dem Hindernisparcours hätte ich gerne teilgenommen.
Im letzten Teil musste der Zweibeiner seinen
schlappohrigen Freund per Kinderchaise ins Ziel bringen.
Und zwar im Schweinsgalopp.

In Tirol gibt es ein Haus mit einer hohen Treppe, zehn Stufen oder mehr. Und auf jeder Stufe lungert mindestens ein Katzenviech. Normalerweise kennt man mich als unerschrockenen Katzenjäger. Doch hier machte ich mich ganz klein und drückte mich unauffällig an der Wand vorbei.

Aber in der Nacht! Da kamen sie.
Alle Katzen dieser Welt wollten mir an den Dackelpelz.
Vielleicht sollte ich mein Verhältnis zu den
Mietzen doch noch mal überdenken.

Warum muss ich auch meine lange Nase in alles stecken!?
Einmal in ein Wespennest.

Zum Glück fließt in der Nähe die Isel.
Herrchen packt mich bei den Dackelbeinen und steckt meine lädierte Nase in das eiskalte Gletscherwasser.

»Gehst du wieder einen Panamakanal bauen?«
Man macht sich also lustig über mich. Dabei ist es Schwerstarbeit den heimischen Garten nach Mäusen zu durchwühlen, die unterirdische Infrastruktur sozusagen ans Tageslicht zu bringen.

Sie haben mir handfeste Grenzen gesetzt.
Sonst hätte ich mal bei Nachbars geschaut,
wie es dort mit den Mäusen steht.

Zu Schuhen habe ich ein besonderes Verhältnis.
Als ich klein war, habe ich sie gefetzt
und durch die Wohnung geschleudert.

Heute stehe ich parat, wenn Herrchen seine hohen Schuhe vorholt, die mit dem tiefen Profil. Dann sage ich mir: »Jetzt kommt der Höhepunkt des Tages. Gleich darfst du über Wiesen und Felder toben.«

Wenn es mir gelingt, ins Badezimmer einzudringen, dann ist vielleicht was los! Aus der Wand kommt einer. Der sieht genauso aus wie ich. Der macht mir alles nach, jede Bewegung, jeden Kläffer, bis ich schließlich vor Wut außer Rand und Band gerate.

Zuerst muss die Klobürste dran glauben, dann Tuben und Handtücher und zuletzt - als Nachtisch - die Klopapierrolle. Die nehme ich ganz langsam und mit Genuss auseinander - bis der Mensch naht. Dann heißt es: abhauen!

Mitten in der Nacht, ich will gerade meinen Schlafplatz wechseln, stellt sich das Ding in den Weg: rund, glatt, mit einer Schnur an der Wand festgemacht und einem langen Rüssel, der in einem breiten Maul endet. Ich beschnüffle es, betapse es und plötzlich jault es los. Ich flüchte und suche ein Versteck.

Endlich ist der Morgen da und Heidi kommt die Treppe runter.
»Was ist das für ein Lärm? Wer hat den Staubsauger angestellt?
Der ist ja schon ganz heiß!« Mein Zufluchtsort im Computerschrank
wurde ab sofort zu meinem Lieblingsplatz.

Seit Tagen hat es geschneit. »Ich lasse dich von der Leine, Schluffi. Du kannst nicht ausbüxen, ich folge deinen Spuren im Schnee.« Und dann bin ich losgepest. Erst rechts rum, dann links rum, dann wieder links rum ... und das war ein Fehler; es war die Autobahnauffahrt. Brüllende, stinkende Blechungeheuer wollten mich unter die Räder nehmen. Ich konnte mich gerade noch unter einen Schneehaufen retten. Ich duckte mich in den Schnee und wollte mein junges Dackelleben schon aufgeben, als mein Schutzengel kam.

Er saß in einem orangefarbenen Riesenungetüm, das Schnee vor sich herschob und auf dem Dach ein Blinklicht hatte. Er rief: »Komm, Dackele, komm schnell!« Ich war gerettet. Als mein Schutzengel mich Herrchen übergab, machte dieser einen seltsamen Eindruck. Er hockte auf dem Boden, japste nach Luft und verdrehte die Augen himmelwärts.
Sein Gesicht war so weiß wie der Schnee.
Nach einer Weile schlichen wir nach Hause und ich fand, seine Haltung ließ sehr zu wünschen übrig.

Ich weiß gar nicht, was die Menschen an den runden Glitzerdingern finden. Ein Christbaum nach meinem Geschmack sähe viel nahrhafter aus.

Auch Ostern ließe sich viel sportlicher gestalten.
»He Langohr, rück' die Eier raus!«

Und erst die Fastnacht!

Der gestreckte Dackelkörper ist wie geschaffen für einen Polonaisenlindwurm.

Man sagt, Herr und Hund, Frau und Hund sähen sich mit der Zeit immer ähnlicher. Ob das wohl stimmt?